BEI GRIN MACHT SICH IHR WISSEN BEZAHLT

AF153226

- Wir veröffentlichen Ihre Hausarbeit,
  Bachelor- und Masterarbeit

- Ihr eigenes eBook und Buch -
  weltweit in allen wichtigen Shops

- Verdienen Sie an jedem Verkauf

Jetzt bei www.GRIN.com hochladen und kostenlos publizieren

Fitness- und Gesundheitstraining. Detaillierte Trainingsplanung für ein Kraft- und Ausdauertraining

Julian Feucht

Bibliografische Information der Deutschen Nationalbibliothek:

Die Deutsche Nationalbibliothek verzeichnet diese Publikation in der Deutschen Nationalbibliografie; detaillierte bibliografische Daten sind im Internet über http://dnb.d-nb.de abrufbar.

ISBN: 9783346683274
Dieses Buch ist auch als E-Book erhältlich.

Druck und Bindung: Books on Demand GmbH, Norderstedt Germany
Gedruckt auf säurefrelem Papler aus verantwortungsvollen Quellen

Das vorliegende Werk wurde sorgfältig erarbeitet. Dennoch übernehmen Autoren und Verlag für die Richtigkeit von Angaben, Hinweisen, Links und Ratschlägen sowie eventuelle Druckfehler keine Haftung.

Das Buch bei GRIN: https://www.grin.com/document/1247968

Inhaltsverzeichnis

1 Teilaufgabe 1 – Diagnose

1.1 Allgemeine und biometrische Daten

Alter:	20 Jahre
Geschlecht:	männlich
Körpergröße:	1,79 m
Körpergewicht:	82,6 kg
Trainingsmotive:	Verbesserung der Ausdauer
	Reduzierung des Körperfettanteils
	Oberkörperdefinierung
Berufliche Tätigkeit:	Personaltrainer in einem EMS-Studio
Aktuelle sportliche Aktivitäten:	1 mal Joggen pro Woche (ca. 2 km)
	4 Stunden Volleyballtraining pro Woche
Frühere sportliche Aktivitäten:	Im Alter von 6 – 14 Jahre
	4 Stunden Geräteturnen pro Woche
Zeitlicher Verfügungsrahmen:	2 – 3 Stunden pro Woche
Blutdruck:	120/68 mmHg
Ruhepuls:	66 S/min
BMI:	25,8 kg/m²
Allgemeiner Gesundheitszustand:	Keine Allergien und keine weitere auffällige Beschwerden
Gesundheitliche Einschränkungen:	Keine

Tabelle 1 Biometrische Daten der Person (eigene Darstellung)

Nachfolgend sind die Bewertungen zum Blutdruck, Ruhepuls sowie zum Body-Mass-Index aufgeführt. Der Blutdruck mit 120/68 mmHh ist sowohl in der Systole, als auch in der Diastole optimal. Die Einordnung der Blutdruckwerte kann durch die nachfolgende Tabelle bestimmt werden.

Optimaler Blutdruck	<120/<80 mmHg
Normaler Blutdruck	120-129/80-84 mmHg
Hochnormaler Blutdruck	130-139/85-89 mmHg
Bluthochdruck (Stufe 1)	140-159/90-99 mmHg
Bluthochdruck (Stufe 2)	160-179/100-109 mmHg
Bluthochdruck (Stufe 3)	>180/>110 mmHg

Tabelle 2 Eigene Darstellung der Blutdruckklassifikation der American Heart Association (odifiziert nach Mancia, Fagard, Narkiewicz, Redòn, Zanchetti, Böhm et al. 2013, S.1286)

Die Person hat einen Ruhepuls von 67 S/min. Einegordnet wird er also als durschnittlich Erwachsener. Die nachstehende Tabelle veranschaulicht dies deutlich.

Ruhepuls	Einstufung
< 60 S/min	Tachykardie (langsamer Puls)
60 – 80 S/min	Normokardie (normaler Puls)
> 100 S/min	Bradykardie (schneller Puls)

Tabelle 3 Eigene Darstellung der Pulsnormalwerte nach Hollmann & Strüder 2009

Meine Person hat einen Body-Mass-Index von 25,8kg/m² und ist nach der Klassifikation der WHO übergewichtig. Die folgende Tabelle zeigt dies auf.

Kategorie	BMI in kg/m²
Untergewicht	< 18,5
Normalgewicht	18,5 – 24,9
Übergewicht	25,0 - 29,9
Starkes Übergewicht (Adipositas Grad 1)	30,0 – 34,9
Adipositas Grad 2	35,0 – 39,9
Adipositas Grad 3	40 oder mehr

Tabelle 4 BMI-Tabelle (Einteilung nach WHO Regional Office for Europe)

Die Körperfettmessung wurde mit der BIA-Methode durchgefühtt. So wurde ein Körperfettanteil von 15,6% ermittelt, was in etwa 12,9 kg Körperfett entspricht.

Zu beachten ist die Tatsache, dass der Proband durch das regelmäßige Volleyballtraining einen relativ hohen Muskelmasseanteil von 66,3 kg besitzt und somit die Einstufung übergewichtig als nicht zutreffend charakterisiert werden muss. Der Body Mass Index kann nicht zwischen Muskelmasse und Fettanteil differenzieren, daher ist er weniger geeignet, um eine exakte Aussage zum Gewichtszustand eines Kraftsportlers zu treffen (vgl. Biesalski, 2010, S. 406). Allgemein gibt die Person anhand der biometrischen Daten einen sehr soliden und sportlichen jungen Mann wieder. Aufgrundessen, dass er schon seit Jahren aktiv Sport treibt, gibt es hinsichtlich Trainierbarkeit und Belastbarkeit keine Bedenken.

1.2 Testung der Kraftleistung

Mit dem Proband wird ein Mehrwiederholungskrafttest mit 20 Wiederholungen (20-RM-Test) durchgeführt. Da er keine gesundheitlichen Einschränkungen hat und eine gute Belastbarkeit aufweist, eignet sich diese Krafttestungsmethode optimal. Die im Test festgelegte Wiederholungszahl wird für den Trainingsplan übernommen. Das ermittelte Testgewicht wird als Vorlage für den Trainingsplan verwendet. Im Gegensatz zum Maximalkrafttest (1-RM-Test) und zu funktionsgymnastischen Krafttests kann der Mehrwiederholungskrafttest direkt in die Praxis umgesetzt werden. Die Wiederholungszahl und das entsprechende Gewicht der jeweiligen Übung wurden bereits durch diesen Test ermittelt.

Der Ablauf des Mehrwiederholungskrafttests (20-RM-Test) wird nach der Vorgehensweise von Eifler (2013, S.110-111) durchgeführt.

Der Proband führt den Test mit folgenden Übungen an Geräten durch:

- Beinpresse horizontal (Lehne aufrecht)
- Rückenstrecker an der Maschine
- Lat-Zug vertikal zum Nacken
- Bankdrücken an der Multipresse
- Schulteraußenrotation am Seilzug
- Crunshes an der Bauchmuskelmaschine
- Seitliche Bauchmuskeln an der Torso-Twist-Maschine

Zuerst wird die Person allgemein aufgewärmt, danach spezifisch. Ziel des Aufwärmens ist es: „durch geeignete physische Belastungen einen Zustand der optimalen psychophysischen und koordinativ kinästhetischen Vorbereitung auf eine folgende Betätigung herzustellen" (Abad, Prado, Ugrinowitsch, Tricoli & Barroso, 2011, S. 2245).

Nach dem Aufwärmen beginnt die eigentliche Krafttestung. Das Ziel der Krafttestung ist es, das maximal konzentrisch überwindbare Gewicht für 20 Wiederholungen herauszufinden. Alle Übungen werden mit einer Time under Tension (TUT) von 2-0-2 (2 s exzentrische Arbeitsphase, 0 s Verweildauer am Umkehrpunkt, 2 s konzentrische Arbeitsphase) durchgeführt. (vgl. Eifler, 2017)

Begonnen wird mit dem Rückenstrecker an der Maschine. Das Einstiegsgewicht für den ersten Testsatz wird vom Trainer subjektiv abgeschätzt. Für den Proband wurde ein Testgewicht von 50 kg ausgewählt. Dieser führt nun 20 Wiederholungen mit einer TUT von 2-0-2 durch.

Der Trainer achtet währenddessen auf die korrekte Ausführung der Übung.

Bei dem ersten Testsatz wurde die 20. Wiederholung ohne große Probleme und Anstrengungen ausgeführt. Das hat zur Folge, dass ein weiterer Testsatz durchgeführt wird. Zwischen den Testsätzen sind jeweils drei Minuten Pause. Je nach Bedarf können bis zu drei Testsätze pro Übung durchgeführt werden.

Nach den drei Minuten beginnt der Proband den zweiten Testsatz mit einem Gewicht von 60 kg. Die weiteren 20 Wiederholungen konnten ohne Probleme und mit mäßiger Anstrengung konzentrisch ausgeführt werden. Somit wird also noch ein weiterer Testsatz durchgeführt.

Nach weiteren drei Minuten beginnt der Proband den dritten und letzten Testsatz mit einem Gewicht von 65 kg. Die letzte Wiederholung konnte gerade noch konzentrisch und korrekt ausgeführt werden. Das bedeutet, dass das maximal konzentrisch zu bewältigende Gewicht bei 65 kg liegt.

Nach diesem Prinzip wird nun auch das maximal konzentrisch überwindbare Gewicht für die restlichen Übungen ermittelt.

Die Ergebnisse der Krafttestung lauten wie folgt:

Testübung	WH	1.Testsatz	2.Testsatz	3.Testsatz	Ergebnis
Beinpresse horizontal (Lehne aufrecht)	20	50kg	60kg	65kg	65kg
WW-Extension an der Maschine	20	40 kg	45 kg	48 kg	45 kg
Lat-Zug vertikal zum Nacken	20	20 kg	25 kg	28 kg	25 kg
Bankdrücken an der Multipresse	20	30 kg	32,5 kg	35 kg	35 kg
Schulteraußenrotation am Seilzug	20	5 kg	8 kg	10 kg	10 kg
Crunshes an der Bauchmuskelmaschine	20	18 kg	20 kg	22 kg	20 kg
Seitliche Bauchmuskeln an der Torso-Twist-Maschine	20	20 kg	30 kg	35 kg	35 kg

Tabelle 5 Ergebnisse des Krafttests (eigene Darstellung)

Die für jede Übung spezifisch definierten Gewichte können jetzt direkt in den Trainingsplan aufgenommen werden. Referenzwerte können nicht mit ermittelten Ergebnissen verglichen werden. Jeder Athlet hat unterschiedliche Voraussetzungen wie Alter, Genetik und Training, was individuelle Leistungsvergleiche nahezu unmöglich macht. Andererseits ist es mit dieser Dauertestmethode möglich, die Leistung zwischen Individuen zu vergleichen. Dabei müssen für jeden Test die gleichen Rahmenbedingungen angenommen werden, um unterschiedliche Anforderungen (Testverfahren und Testmethoden) auszuschließen. Sind diese Kriterien erfüllt, bieten wiederholte Belastungstests eine gute Möglichkeit, die individuelle Kraftentwicklung zu vergleichen. Die bei den wiederholten Dauertests ermittelten Testgewichte dienen als Referenzwert für die Erstellung eines Trainingsplans. Je nach Trainingsziel (Maximalkraft, Schnelligkeit, Ausdauer) werden unterschiedliche Intensitäten in Prozent des ermittelten Testgewichts berechnet. Hier zeigt sich der Vorteil dieser Vorgehensweise: Ein definiertes spezifisches Gewicht kann für eine bestimmte Anzahl von Wiederholungen direkt in den Trainingsplan übernommen werden (vgl. Eifler, 2021, S.99).

1.3 Testung der Ausdauerleistung

Im Folgenden wird mit Hilfe eines Ausdauertests auf dem Fahrradergometer die Leistungsfähigkeit meines Probanden bestimmt.

Allgemein bringt der Test auf dem Fahrradergometer viele Vorteile mit sich, wie zum Beispiel die Reproduzierbarkeit, den Ausschluss orthopädischer Fehlbelastungen, die Existenz wissenschaftlich belegter Normwerttabellen und weiterhin die geringen koordinativen Anforderungen (vgl. Eifler, 2021, S.175 ff.).

Da die Person stark motiviert, fit und jung ist, ebenfalls regelmäßig Sport treibt, wird der Vita-Maxima Test mit ihm durchgeführt.

Dieser Test wird für gesunde und leistungsstarke Personen genutzt und hat den entscheidenden Vorteil, dass so exakt die individuell erreichbare maximale Herzfrequenz bestimmt werden kann, indem die Person maximal ausbelastet wird. In einem späteren Schritt können auch die Trainingsbereiche und die dazugehörigen Herzfrequenzen besser abgeleitet werden.

Voraussetzungen sind jedoch ein hohes Maß an Motivation und eine uneingeschränkte Gesundheit. Desweiteren wird Nikotin gar nicht und Alkohol nur sehr selten in Maßen konsumiert. Da mein Proband im Hinblick auf die Belastbarkeit bzw. Trainierbarkeit keine Einschränkungen aufweißt und keine gesundheitlichen Einschränkungen besitzt wird daher dieser Test für ihn die aussagekräftigsten Ergebnisse liefern.

Der Testablauf startet mit einer Eingangsbelastung von 50 Watt, welche nach jeweils drei vergangenen Minuten um 50 Watt gesteigert werden, bei einer Trittfrequenz von 80-100 U/min. Parallel dazu wird minütlich die Herzfrequenz dokumentiert.

Das Erhöhen der Wattzahl wird erst dann beendet, wenn die Person vollständig ausbelastet ist. Dieser Punkt ist dann erreicht, wenn:
- eine Pulsmindestgrenze von 200- Lebensalter erreicht wird
- die Trittfrequenz aufgrund subjektiver Erschöpfung nicht mehr eingehalten wird

Als Referenzgröße dient dann die Wattleistung der zuletzt durchgefahrenen Belastungsstufe. Wird diese nicht komplett geschafft, so wird die bis dahin erbrachte Leistung zeitinterpoliert (vgl. Eifler, 2021, S.188 ff.).

Geschelcht:	Männlich	Gewicht:	82,6 kg
Alter:	20 Jahre	Blutdruck:	120/68 mmHg
Testform:	Maximale Belastung	Eingangsbelastung:	50 Watt
Stufendauer:	3 min	Belastungssteigerung:	50 Watt
Trittfrequenz:	80-100 U/min	Pulsobergrenze:	200-LA (20) = 180s/min

Tabelle 6 Rahmenbedingungen des Vita-Maxima-Test (eigene Darstellung)

Im Folgenden die Auswertung des durchgeführten Tests:

Zeit	Watt	Herzfrequenz 1	Herzfrequenz 2	Herzfrequenz 3
0-3 min	50 Watt	91	93	93
4-6 min	100 Watt	105	109	112
7-9 min	150 Watt	115	120	125
10-12 min	200 Watt	135	140	145
13-15 min	250 Watt	152	163	172
16-18 min	300 Watt	181	Testabbruch	Testabbruch
Watt Gesamt:	267 Watt			
Watt/kg:	3,43			

Pulsrückgang

1 min. nach Ausbelastung	2 min. nach Ausbelastung	3 min. nach Ausbelastung	4 min. nach Ausbelastung
144	130	122	108

Tabelle 7 Testprotokoll vom Vita-Maxima-Test (eigene Darstellung)

Der Vita Maxima Test wurde bei meinem Kunden bis zu der Wattzahl von 300 Watt durchgeführt. Diese Teststufe wurde nach der zweiten Minute abgebrochen, da die Pulsobergrenze erreicht worden ist. Da frühzeitig abgebrochen wurde ergibt sich ein anderer Wattwert.

- Stufe 1-5 (250 Watt)   250 Watt
- Stufe 6 1/3 = 16,7 = 17 Watt   + 17 Watt
- Stufe 1-5 + Stufe 6   = 267 Watt

Somit erzielte er eine Wattleistung von 267 und eine relative Wattleistung von 3,43 Watt je kg Körpergewicht. Dies ist laut Normwerttabelle für Männer nach Kindermann (modifiziert nach Kindermann, 1987, S. 244–268) als gut und durschnittlich einzuschätzen und im Segment der Normalbürger anzusiedeln (vgl. Eifler, 2021, S.190). Anhand der erbrachten Leistung konnte ein Intensitätsfaktor von 0,67 festgestellt werden, welcher zur Berechnung der Trainingsherzfrequenz benötigt wird. Die Berechnung der individuellen Trainingsherzfrequenz von dem Probanden erfolgt über die ACSM-Formel (vgl. Eifler, 2021, S.216). Da dieser Test eine gute überdurchschnittliche Leistung meines Kunden darstellt, kann gesagt werden, dass Verbesserungen angestrebt werden können. So kann die Grundlagenausdauer verbessert werden. Durch ein regelmäßiges Training kann auch der Körperfettanteil reduziert werden. Bei dem Leistungszustand meines Kunden sollte dies kein Problem sein.

Die Ergebnisse der ACSM-Formel bildet die Berechnungsgrundlage für die Trainingsintensität.

Diese berechnet sich wie folgt:

Laufen:

$Thf = Hfmax$ x Intensität in %

$Hfmax = 220 - LA$

$Hfmax = 220 - 20 = 200$ S/min

$Thf = 200$ x 0,6 (60% Hfmax) = 120 S/min

$Thf = 200$ x 0,7 (70% Hfmax) = 140 S/min

Fahrrad:

$Thf = Hfmax$ x Intensität in %

$Hfmax = 200 - LA$

$Hfmax = 200 - 20 = 180$ S/min

$Thf = 180$ x 0,6 (60% Hfmax) = 108 S/min

$Thf = 180$ x 0,7 (70% Hfmax) = 126 S/min

2 Teilaufgabe 2 – Zielsetzung/Prognose

2.1 Formulierung von Trainingszielen

Jeder Mensch der Sport betreibt oder anfängt Sport zu betreiben tut dies nicht ohne Motive oder Ziele. Auch der Proband verfolgt bestimmte Ziele, die im Eingangsgespräch festgehalten wurden. Hierbei ist darauf zu achten, die Ziele so zu formulieren, dass sie erreichbar sind, jedoch ein gewisses Maß an Anstrengung erfordern, um nicht von vornherein als selbstverständlich angesehen zu werden. Seine Ziele bestehen daraus sein Ruhepuls zu verbessern und den Körperfettanteill zu senken. Dabei ist es ihm wichtig den BMI ebenfalls zu optimieren. In der nachfolgenden Tabelle werden Ziele, Ausmaß und Zeit dargestellt und begründet.

	Inhalt	Ausmaß	Zeit
Ziel 1	Körperfettreduzierung	Von 15,6%(12,9kg) auf 13,8%(11,4kg) Fettanteil	6 Wochen
Ziel 2	Verbesserung des Ruhepuls	Auf 63 S/min	6 Wochen
Ziel 3	BMI senken	Auf unter oder gleich 25,0 kg/m²	6 Wochen

Tabelle 8 Zielsetzung des Probanden (eigene Darstellung)

2.2 Begründung von Trainingszielen

Die einzelnen Ziele sind erreichbar, wenn der Kunde sich an seinen Trainingsplan hält, über Durchaltevermögen verfügt und sich zusätzlich noch kohlenhydratarm und proteinreich ernährt. Die gesundheitlichen Voraussetzungen sind gegeben. Das erste Ziel beinhaltet die Senkung des Körperfettanteils. "Realistisch ist eine Körperfettreduktion um 250-500g pro Woche" (Eifler, 2021, S.47). Bei einem minimalen Satz von 250g sind 1,5kg Körperfettreduktion in sechs Wochen ein durchaus vertretbarer Wert. Das zweite Ziel strebt die Verbesserung des Ruhepulses an, da dadurch langfristig positive Effekte erzielt werden können. So wird nicht nur die Herzarbeit ökonomisiert, sondern auch die Koronardurchblutung wird verbessert und das Schlagvolumen des Herzes erhöht. „[R]ealistisch ist eine Ruhepulssenkung um ca. ½ Schlag/Min. pro Woche" (Eifler, 2021, S.47). Somit ist die Senkung des Ruhepulses von 66 S/min zu 63 S/min in sechs Wochen ein realisierbares Ziel. Die Senkung des BMI wurde sich von meinem Kunden gewünscht, da er findet, dass dies eine aussagekräftige Zahl ist. Mit einem BMI von unter oder gleich 25,0 wäre er zufrieden. „[R]esultierend aus der Reduktion des Körperfettanteils bzw. der Gewichtsreduktion" (Eifler, 2021, S.47) wird sich automatisch der BMI des Probanden senken. Allgemein lässt sich sagen, dass die Testperson keinerlei gesundheitliche Einschränkungen besitzt, weshalb davon auszugehen ist, dass das Training regelmäßig und vollständig ausgeführt werden kann und er somit seine Ziele erreichen wird.

3 Teilaufgabe 3 – Trainingsplanung Krafttraining

3.1 Trainingsplanung Mesozyklus Krafttraining

Mesozyklusdauer:		6 Wochen	Krafttrainingsziel:			Kraftausdauer	
Trainingseinheiten/Woche:		2	Organisationsform:			GK/Stationtraining	
Übungen Muskelgruppe:		1-2	Sätze/Übung:			2	
Satzpausen:		30 Sek	Bewegungstempo:			2-0-2	
Wiederholungen:		20	Intensität:			50-70&(ILB)	
Übungen	Wdh	Woche 1 50 % ILB	Woche 2 50 % ILB	Woche 3 60 % ILB	Woche 4 60 % ILB	Woche 5 70 % ILB	Woche 6 70 % ILB
Beinpresse horizontal (Lehne aufrecht)	20	32,5 kg	32,5 kg	39 kg	39 kg	45,5 kg	45,5 kg
WS-Extension an der Maschine	20	22,5 kg	22,5 kg	27 kg	27 kg	31,5 kg	31,5 kg
Lat-Zug vertikal zum Nacken	20	12,5 kg	12,5 kg	15 kg	15 kg	17,5 kg	17,5 kg

Bankdrücken an der Multipresse	20	17,5 kg	17,5 kg	21 kg	21 kg	24,5 kg	24,5 kg
Schulteraußenrotation am Seilzug	20	5 kg	5 kg	6 kg	6 kg	7 kg	7 kg
Crunshes an der Bauchmuskelmaschine	20	10 kg	10 kg	12 kg	12 kg	14 kg	14 kg
Seitliche Bauchmuskeln an der Torso-Twist-Maschine	20	17,5 kg	17,5 kg	21 kg	21 kg	24,5 kg	24,5 kg

Tabelle 9 Mesozyklusplanung nach der ILB-Methode (eigene Darstellung)

3.2 Begründung Mesozyklus Krafttraining

3.2.1 Begründung Belastungsgestaltung

Es werden pro Woche zwei Trainingseinheiten abgelegt, da der Kunde ca zwei – drei Stunden Zeit pro Woche mit sich bringt. Da das Hauptmerkmal auf der Körperfettreduktion und Ausdauerverbesserung liegt, sollte das Krafttraining so gestaltet werden, dass es nur ca. eine Stunde in der Woche in Anspruch nimmt. Das Krafttraining beläuft sich bei einer Trainingseinheit auf rund 25 Minuten. (20 Wdh x (2 sec.+0 sec.+2 sec.) x (7 Übungen x 2 Sätze) + (13 Satzpause x 30 sec.) = 1510 sec. / 60 sec. =25,17 min x 2 (Trainingseinheit/Woche) = 50,33 min. In einer Woche trainiert der Kunde also rund 50 Minuten seine Kraftausdauer mithilfe der ILB-Methode.

3.2.2 Begründung Trainingsmethode

Die Wahl der Trainingsmethode wurde auf Grundlage der Gesundheits- und Leistungsvoraussetzungen der Person sowie der Informationen aus dem Eingangsgespräch getroffen. Für meinen Kunden wähle ich einen Trainingsplan nach der ILB-Methode.
Die Individuelle-Leistungsbild-Methode (ILB-Methode) ist für ihn und generell für Trainingsbeginner der perfekte Einstieg. Die Belastungsintensität ist zu Beginn relativ gering, da vor jedem Mesozyklus ein X-RM-Test, mit den passenden Wiederholungszahlen durchgeführt wird und die Person zunächst nur mit 50% des ILB-Tests (X-RM-Test vor jedem Mesozyklus) trainiert. So wird zu Beginn keine Überbelastung provoziert und der Proband hat eine strukturelle und übersichtliche Planung der Trainingsgewichte. Die Belastungsintensität steigert sich in den folgenden Wochen, bis am Ende des Mesozyklus 70% des ILB-Tests erreicht ist. So ist eine stätige Progression der Belastung und somit

eine ständige Leistungssteigerung des Trainierenden gesichert. Mit dem erstellten Mesozyklus treffen neue Trainingsreize auf den Kunden und lösen Adaptionen aus (vgl. Eifler, 2013, S.73 ff.).

3.2.3 Begründung der Belastungshäufigkeit

Da der Kunde erst mit dem Fitnesstraining begonnen hat, sind noch nicht viele Einheiten pro Wochen nötig um eine Kraftsteigerung und weitere Adaptionen auszulösen. Dennoch sollte darauf geachtet werden, dass Trainingsbeginner nicht zu häufig in der Woche zum Training kommen. Denn Beginner sind oft sehr motiviert und trainieren zu viel. Dies hat zur Folge, dass die Adaptionen der Beginner kleiner ausfallen, wenn nicht sogar negativ ausfallen. Laut einer Studie von Wirth, Atzor und Schmidtbleicher (2007) konnte festgestellt werden,dass selbst eine Einheit pro Woche einen signifikanten Muskelmassezuwachs hervorgerufen hat. Jedoch wurden durch ein zweites Training deutlich höhere Ergebnisse erzielt. Ein zweiter Grund weshalb sich zwei Einheiten pro Woche positiv für den Kunden erkennbar machen, erklärt das Modell der Superkompensation. So kommt es nach einem überschwelligen Trainingsreiz zu einer Ermüdung. Von dieser Ermüdung regeneriert sich der Körper wieder und es kommt zur Superkompensation. Das bedeutet der Körper erhöht seine Leistungsfähigkeit über das Ausgangsniveau. Vorausgesetzt er hat genügen Zeit zum regenerieren (vgl. Eifler, 2013, S.50 ff.).

3.2.4 Begründung der Anzahl der Übungen pro Muskelgruppe

Die Anzahl der Übungen pro Muskelgruppe richtet sich nach den Zielen und dem Gesundheitszustand der Person. So wird generell ein Ganzkörpertraining absolviert, jedoch auf Muskelgruppen gesetzt die den Gesundheitszustand des Kunden verbessern. Wie im Mesozyklus (Tabelle 9) zu sehen, sind ein bis zwei Übungen pro Muskelgruppe geplant. Der Tester wird also mindestens eine Übung für jede Muskelgruppe ausführen und für die gesundheitlich besonders relevanten noch eine zweite leisten (vgl. Eifler, 2013, S.40 ff.).

3.2.5 Begründung der Gerätewahl

Es wurde ein Trainingsplan für das Krafttraining eines Anfängers erstellt. Aufgrund der folgenden Vorteile wurde daher ein Ganzkörpertraining mit Maschinen/Geräten bevorzugt:

1. Man kann einen Muskel sehr isoliert trainieren (Bspw. Multipresse für die Brust-muskulatur).

2. Bei muskulärer Ausbelastung kann man kontrollierter und somit sauberer trainie-ren. Das Abfälschen ist durch die geführte Bewegung und durch die Stabilisation von Polstern geringer wie beim Hanteltraining.

3. Manche Übungen/Bewegungen können nur an Maschinen/Geräten umgesetzt werden (Bspw. Rückenstrecker).

4. Im Regelfall gelenkschonender und geringeres Verletzungsrisiko.

5. Kräftesparender, das heißt: Man kann ein höheres Trainingsvolumen bei gleicher Zeit trainieren. (vgl. Eifler, 2013, S.121 ff.).

3.2.6 Fokus auf mehrgelenkige Übungen und Erläuterung der Übungen

Bei mehrgelenkigen Übungen werden zwei oder mehr Gelenke bewegt. Man sagt auch „komplexe Übungen" dazu. Eine klassische mehrgelenkige Übung ist z.b. die Kniebeuge (dabei beteiligte Gelenke: Sprunggelenk, Kniegelenk, Hüftgelenk). Komplexe Übungen kennzeichnen sich dadurch aus, dass sie prinzipiell größere Teile des Körpers beanspru-chen und sich bei ihrer Ausführung mehrere Gelenke bewegen. Aufgrundessen das der Kunde ein Anfänger ist werden auf die sogennanten mehrgelenkigen Grundübungen ein Fokus gelegt. Insgesamt vier sind davon im Mesozyklus Trainingsplan des Krafttrainings enthalten. Denn generell sollten Grundübungen den Isolationsübungen im Trainingsab-lauf vorgezogen werden, da sie neurophysiologisch natürlicher und deutlich effizienter sind. Zumal Isolationsübungen mit unter zum Ausgleich von Defiziten und zum speziel-len Training eines Muskels dienen, sind eingelenkige Übungen, wie die Schulteraußen-rotation am Kabelzug im Trainingsplan zum Ausgleich des Schulterdefizits des Proban-den enthalten (vgl. Eifler, 2013,S.122). Nun folgt die Erläuterung der Übungen.

Übung 1 Beinpresse:

An der Leg Press wird die sogenannte Beinstreckerschlinge trainiert. Diese besteht aus der Wadenmuskulatur für die Fußgelenksstreckung (Musculus triceps surae), den Mus-keln des vorderen Oberschenkels für die Kniestreckung, also dem vierköpfigen Ober-schenkelmuskel (Musculus quadriceps femoris) und dem großen Gesäßmuskel (Muscu-lus gluteus maximus). Sekundär werden die ischiocuralen Muskeln, also die Muskeln des hinteren Oberschenkels in Form des Beinbizeps (Musculus biceps femoris) trainiert. Es wird also fast der komplette Unterkörper aktiviert. Davon profitiert der ganze Körper und kann an Stabilität gewinnen. Alle Muskeln, die mit der Beinpresse trainiert werden unterstützen den Körper bei alltäglichen Bewegungen wie dem Gehen, Springen, Laufen und Aufstehen. Die Kräftigung der Beinstreckerschlinge trägt außerdem maßgeblich zur Stabilisierung der Knie bei (vgl. Eifler, 2013, S.136/137).

Übung 2 WS – Extension:

Der Zielmuskel dieser Übung ist der Rückenstrecker (musculus erector spinae), der sowohl links als auch rechts neben der Wirbelsäule entlang verläuft. Die Stärkung dieses Muskels ist oftmals das Ziel physiotherapeutischer Maßnahmen bei Rückenproblemen. Zudem belastet diese Übung den großen Gesäßmuskel (musculus gluteus maximus) und den Beinbizeps (musculus biceps femoris).

Übung 3 Lat-Zug zum Nacken:

Latziehen zum Nacken trainiert den Latissimus (insbesondere dessen äußeren Teile), den Trapezmuskel (musculus **trapezius),** den dorsalen Schultermuskel (musculus dektoideus) und den Bizeps (biceps brachii).
Latziehen bietet Anfängern eine gute Möglichkeit Kraft in der Rückenmuskulatur aufzubauen, um später Klimmzüge ausführen zu können (vgl. Eifler, 2013, S.136).

Übung 4 Bankdrücken an der Multipresse:

Beim Bankdrücken an der Multipresse für die mittlere Brust, trainiert man den großen Brustmuskel (musculus pectoralis major) und den Trizeps (musculus triceps brachii).
Das Bankdrücken an der Multipresse ist die ideale Brustübung für Anfänger. Bankdrücken gehört zu den wichtigsten und beliebtesten Fitnessübungen im Gym. Damit Anfänger den Klassiker richtig lernen, ist das Bankdrücken an der Maschine bzw. das geführte Bankdrücken eine gute Wahl. Dabei ist der Bewegungsablauf grundsätzlich identisch wie beim Bankdrücken mit der Langhantel (vgl. Schick, Coburn, Brown, Judelson, Khamoui, Tran, Uribe, NCBI).

Übung 5 Außenrotation der Schulter am Kabelzug:

Mit dieser Übung trainiert man die Rotatorenmanschette. Das sind die Muskeln, die den Oberarm in der Schulter fixieren. Eine starke Rotatorenmanschette ist besonders beim Trainieren mit der Langhantel wichtig, denn es bereitet den Anfänger optimal auf das in Zukunft geplante Freihanteltraining vor und vermeidet Schulterschmerzen.

Übung 6 Crunshes an der Bauchmuskelmaschine:

Trainiert wird mit diesem Gerät der gerade Bauchmuskel (musculus rectus abdominis) natürlich als Ganzes, dennoch ist durch die ausschließliche Krümmungsbewegung des Oberkörpers ein verstärkter Trainingsreiz im oberen Bereich des Bauches zu spüren.

Übung 7 Seitliche Bauchmuskeln an der Torso-Twist-Maschine:

Das Training an der Twist-Maschine dient in erster Linie der Stärkung des schrägen Bauchmuskels (musculus obliquus abdominis). Zur unterstützenden Muskulatur gehören der gerade Bauchmuskel (musculus rectus abdominis) und der pyramidenförmige Muskel (musculus pyramidalis). Der Schwierigkeitsgrad ist bei der Rotation an der Torso-Twist-Maschine niedrig, sodass auch Anfänger ihre Bauchmuskeln mit dieser Fitnessübung stärken können.

4 Teilaufgabe 4 – Trainingsplanung Ausdauertraining

4.1 Grobplanung Mesozyklus Ausdauertraining

Mesozyklusdauer:	6 Wochen
Trainingsziel/e bzw. Trainingsbereich/e:	Stabilisierung der Grundlagenausdauer (GA1)
Belastungsumfang/Woche:	45 – 100 Minuten
Trainingsmethoden:	Extensive Dauermethode
Trainingsintensität:	60 – 75 % Hfmax
Trainingshäufigkeit/Woche:	2-3 x
Dauer pro TE:	20 – 40 Minuten
Trainingsgeräte:	Laufband, Crosstrainer, Fahrrad

Tabelle 10 Grobplanung Mesozyklus Ausdauertraining (eigene Darstellung)

4.2 Detailplanung Mesozyklus Ausdauertraining

Gesamtumfang Woche 1: 45 Minuten   Gesamtumfang Woche 2: 60 Minuten

Woche 1	Di		Sa	Woche 2	Di	Do	Sa
Ziel	GA1		GA1	Ziel	GA1	GA1	GA1
Methode	eDM		eDM	Methode	eDM	eDM	eDM
Intensität	60 – 65 % Hfmax		60 – 65 % Hfmax	Intensität	60 – 65 % Hfmax	60 – 65 % Hfmax	60 – 65 % Hfmax
Dauer	20 min.		25 min.	Dauer	20 min.	20 min.	20 min.
Gerät	Laufband (Jogging)		Crosstrainer	Gerät	Laufband (Jogging)	Fahrrad	Crosstrainer

Gesamtumfang Woche 3: 75 Minuten   Gesamtumfang Woche 4: 90 Minuten

Woche 3	Di	Do	Sa	Woche 4	Di	Do	Sa
Ziel	GA1	GA1	GA1	Ziel	GA1	GA1	GA1
Methode	eDM	eDM	eDM	Methode	eDM	eDM	eDM
Intensität	60 – 70 % Hfmax	60 – 65 % Hfmax	60 – 70 % Hfmax	Intensität	60 – 70 % Hfmax	60 – 70 % Hfmax	60 – 70 % Hfmax
Dauer	30 min.	20 min.	25 min.	Dauer	30 min.	20 min.	40 min.
Gerät	Laufband (Jogging)	Fahrrad	Crosstrainer	Gerät	Laufband (Jogging)	Fahrrad	Crosstrainer

Gesamtumfang Woche 5: 105 Minuten   Gesamtumfang Woche 6: 120 Minuten

Woche 5	Di	Do	Sa	Woche 6	Di	Do	Sa
Ziel	GA1	GA1	GA1	Ziel	GA1	GA1	GA1
Methode	eDM	eDM	eDM	Methode	eDM	eDM	eDM
Intensität	60 – 75 % Hfmax	60 – 75 % Hfmax	65 – 75 % Hfmax	Intensität	70 – 80 % Hfmax	65 – 75 % Hfmax	70 – 80 % Hfmax
Dauer	40 min.	40 min.	35 min.	Dauer	45 min.	30 min.	45 min.
Gerät	Laufband (Jogging)	Fahrrad	Crosstrainer	Gerät	Laufband (Jogging)	Fahrrad	Crosstrainer

Tabelle 11 Detailplanung Mesozyklus Ausdauertraining (eigene Darstellung)

4.3 Begründung zum Mesozyklus Ausdauertraining

4.3.1 Begründung zur Belastungsprogression, angesteuerte Trainingsbereiche und Trainingsmethoden

Im Teilziel 1 soll die GA 1 verbessert werden. Innerhalb des Kapitel 1.3 wurde geschluss-folgert, dass aufgrund des „sprunghaften" Anstiegs der Herzfrequenz von 120 S/min. auf 136 S/min. (innerhalb von zwei Minuten), bei einer noch moderaten Belastung, der GA 1 Bereich des Kunden nicht hinreichend trainiert ist. Dies soll damit verbessert und sta-bilisiert werden.

Ein weiterer Schritt (Teilziel 2) ist den guten Trainingszustand (Ruhepuls) zu erhalten. Die langfristigen positiven Effekte eines niedrigen Ruhepulses sollen der Gesundheit wei-terhin zuträglich sein.

Positive Effekte, die aus dem geringen Ruhepuls resultieren sind z.B.:

- Ökonomisierung der Herzarbeit,

- Erhöhung des Schlagvolumens, die die Erschlaffungs- und Füllzeiten des Herzens ver-längern und

- eine verbesserte Koronardurchblutung (vgl. Schroeter, Vollroth, Höbartner, et al. Med Klin Intensivmed Notfmed 110, 210–217 (2015).

Als letztes Teilziel soll der Körperfettgehalt reduziert werden. Ein langfristig erstrebenswertes Ziel ist es den Körperfettgehalt auf ca. 16% - 17% zu reduzieren. In der Anamnese ist aufgefallen das der Kunde das Ausdauertraining bevorzugt. Ihm wird dennoch ein begleitendes Krafttraining empfohlen. Die primäre Prävention steht dabei im Vordergrund, um den Bewegungsapparat zu stützen und das Reduzieren des Körperfettgehaltes voran zu treiben. Ebenso auch die Belastung (auf Gelenke wie Knie und Hüfte), die durch das Lauftraining entstehen, zu kompensieren. Ein Ernährungstraining soll das Vorhaben abrunden und weiter unterstützen (Birbaumer, et al., 2006, S.199; Christensen, et al., 2011; Hollmann, et al., 2009 S.351; 385-418; Reiß, et al., 2010 S.22;212; Weineck, 2010 S.238-257; Weineck, 2010 S.172f)

Bei allen Teilzielen und deren Belastungen innerhalb der kommenden Trainingsdurchführung ist die gesundheitliche Vorraussetzung des Kunden als optimal zu bewerten. Weder der Blutdruck noch Ruhepuls weisen auf Einschränkungen hin. Orthopädische Schäden, wie auch erblich bedingte Vorbelastung sind nicht vorhanden bzw. zum jetzigen Zeitpunkt nicht festgestellt. Die Testperson ist körperlich in sehr guter Verfassung (physisch wie auch psychisch).

4.3.2 Begründung zum angestrebten wöchentlichen Belastungsumfang und Bewegungsformen

Für den Kunden werden speziel das Laufband, Fahrrad und der Crosstrainer gewählt. Mit den drei Geräten hat der Proband immer wieder eine Abwechslung in seinem Training. Das Gesundheits-Optimalprogramm kann komplett ausgeschöpft werden mit insgesamt mit 3-4 Stunden Bruttobelastungszeit pro Woche. „Als optimale Bedingung für die Gesundheit wird eine Bruttobelastungszeit von 3-4 Std./Woche an gesehen (vgl. Hoppeler, et al., 2011; Pedersen, et al., 2007). Weitere Belastungssteigerungen haben keine gesundheitliche Relevanz.

5 Literaturverzeichnis

2013 ESH/ESC Guidelines for the management of arterial hypertension. The task

Abad, C. C., Prado, M. L., Ugrinowitsch, C., Tricoli, V. & Barroso, R. (2011). Combination of general and specific warm-ups improves leg-press one repetition maximum compared with specific warm-up in trained individuals. Journal of Strength and Conditioning Research, 25 (8), 2242-2245.

Birbaumer, Niels und Schmidt, Robert. 2006. Biologische Psychologie. Heidelberg : Springer Medizin Verlag, 2006.

Body mass index – BMI. WHO Regional Office for Europe. Zugriff am 28.04.2022. Verfügbar unter: https://www.euro.who.int/en/health-topics/disease-prevention/nutrition/a-healthy-lifestyle/body-mass-index-bmi

Eifler, C. (2013). Empirische Überprüfung der Effekte verschiedener Ansätze zur Intensitätssteuerung im fitnessorientierten Krafttraining. Dissertation. Universität des Saarlandes, Saarbrücken.

Eifler, C. (2017). Intensitätssteuerung im fitnessorientierten Krafttraining – Eine empirische Studie. Marburg: Tectum

Eifler, C. (2021). Studienbrief Fitness- und Gesundheitstraining (Rev. 26.009.000). Saarbrücken: Deutsche Hochschule für Prävention und Gesundheitsmanagement

force for the management of arterial hypertension of the European Society of Hy-

H.K. Biesalski, S.C. Bischoff, C. Puchstein. Ernährungsmedizin. Nach dem neuen Curriculum Ernährungsmedizin der Bundesärztekammer. 4. vollständig überarbeitete und erweiterte Auflage. Verlag Thieme. 2010

Hollmann, W. & Strüder, H.: Sportmedizin – Grundlagen für körperliche Aktivität, Training und Präventivmedizin, Schattauer-Verlag, 5. Auflage, 2009

Mancia, G., Fagard, R., Narkiewicz, K., Redòn, J., Zanchetti, A., Böhm, M. et al. (2013). Pedersen, Bente und Fischer, Christian. 2007. Beneficial health effects of exercise – the role of IL-6 as a myokine. TRENDS in Pharmacological Sciences. 28, 2007, Bd. 4. pertension (ESH) and of the European Society of Cardiology (ESC).

Schick EE1, Coburn JW, Brown LE, Judelson DA, Khamoui AV, Tran TT, Uribe BP, NCBI, „A comparison of muscle activation between a Smith machine and free weigh benchpress", (Zugriff am 28.04.2022). Verfügbar unter: https://www.ncbi.nlm.nih.gov/pubmed/20093960

Schroeter, T., Vollroth, M., Höbartner, M. et al. Einfluss von ECMO und IABP auf die Koronardurchblutung. Med Klin Intensivmed Notfmed 110, 210–217 (2015). Zugriff am 28.04.2022. Verfügbar unter: https://doi.org/10.1007/s00063-014-0408-6 tension, 31 (7), 1281–1357.

Wirth, K., Atzor, K. R. & Schmidtbleicher, D. (2007). Veränderungen der Muskelmasse in Abhängigkeit von Trainingshäufigkeit und Leistungsniveau. Deutsche Zeitschrift für Sportmedizin, 58 (6), 178-183.

6 Tabellenverzeichnis